HEYNE MINI

POSITIV
DEN TAG BEGINNEN

MEDITATIONEN

Originalausgabe

WILHELM HEYNE VERLAG
MÜNCHEN

Heyne MINI Nr. 33/1282

7. Auflage

Printed in Germany 1998
Gesamtredaktion: Elisabeth Blay
Umschlagvorderseite:
Bildagentur Mauritius/Kugler, Mittenwald
Umschlaggestaltung:
Atelier Ingrid Schütz, München
Herstellung: H + G Lidl, München
Satz: Fotosatz Völkl, Puchheim

ISBN 3-453-09506-5

Vorwort

In dem vorliegenden Bändchen wurden Texte aus ganz unterschiedlichen Kulturen und Zeiten zusammengetragen, die zum Meditieren und Nachdenken anregen. Denn zu allen Zeiten und in allen Kulturen waren die Menschen auf der Suche nach dem wahren Sein. In Gedichten und Liedern, Gebeten und Texten haben Propheten, Dichter und Denker sowie Lehrer des positiven Denkens versucht, das Wesen des Seins und der menschlichen Existenz zu ergründen.

Denn wenn ihr den Menschen ihre Verfehlungen vergebt, dann wird euer himmlischer Vater auch euch vergeben. Wenn ihr aber den Menschen nicht vergebt, dann wird euch euer Vater eure Verfehlungen auch nicht vergeben.

Matthäus 6, 14–15

Heute ...

*vertraue ich darauf,
daß das Leben mich
mit allem versorgt,
was ich brauche.*

Louise L. Hay

Auch wenn es manchem so ganz und gar nicht gefallen mag: Das Geheimnis aller Geheimnisse heißt *akzeptieren*! Nimm das Leben an, wie das Leben fließt! Es ist gar nicht so schwer. Alles, was du tun mußt, ist, deinen bisherigen Standpunkt zu ändern. Ganz klar, denn die Geschehnisse des Lebens richten sich nicht nach deinen Wünschen. Also mußt du dich nach den Geschehnissen des Lebens richten.

Gerhard Ritter

Großer Geist

Großer Geist, bewahre mich
davor,
über einen Menschen zu
urteilen,
ehe ich nicht eine Meile
in seinen Mokassins
gegangen bin.

Spruch der Apachen-Indianer

Wenn wir uns einreden, etwas nicht zu können, wird uns das mehr behindern als jedes Handicap. Sagen wir uns aber, daß wir etwas können, ist schon der erste und wichtigste Schritt getan. Wenn wir allen Ernstes an unser Können glauben und auch damit verbundene Mühen nicht scheuen, wird jedes Vorhaben gelingen.

Norman Vincent Peale

Über die Rennerei

Sieh deine Getriebenheit mit
Gelassenheit an,
Und du erkennst die Nutzlo-
sigkeit der ganzen Rennerei.
Laß alle Sorgen in innerer
Stille los,
Und du merkst, wie im Genuß
dieser Stille alles andere
unwichtig wird.

Hung Ying-Ming

Die Menschen kommen zu mir und sagen: »Bei Ihnen ist offenbar alles in Ordnung. Wenn das Leben so großartig ist, warum gibt es dann den Tod, den Schmerz, das Elend und all diese negativen Dinge? Warum müssen Kinder leiden? Warum gibt es Mord, Vergewaltigungen und Krieg? Warum, warum, warum?« Ich antworte: »Woher, zum Teufel, soll ich das wissen? Größere Männer als ich haben sich jahrelang mit diesen Fragen abgequält. Aber wissen Sie, was ich getan habe? Ich habe aufgehört, diese Fragen zu stellen, und begonnen, die Antworten durch ein aktives Leben zu finden, und das hat einen großen Wandel in mir bewirkt.«

Leo Buscaglia

Die Gunst des Augenblicks zu nutzen und Gebrauch von dem Guten zu machen, das sich in unserer Reichweite befindet, ist die große Kunst des Lebens.

William James

Sei bei allen deinen Tätigkeiten stets entspannt, wach und konzentriert, und laß den Körper, den Geist und die Sinne zu einer Einheit werden. Dann kann alles, was du tust, zu einem herrlichen Fest werden, und alle Aspekte deines Lebens können sich verwandeln.

Tarthang Tulku

Heute …

*erfreue ich mich an der
Fülle des Lebens
und bin dankbar für alles,
was ich habe.*

Louise L. Hay

Falls Sie ein sehr negativer Mensch waren, der sich selbst und anderen durch ständige Kritik das Leben schwermachte, kann es einige Zeit beanspruchen, sich zu einer liebevollen und liebenswürdigen Person zu wandeln. Seien Sie geduldig mit sich. Ärgern Sie sich nicht, wenn es scheinbar nicht schnell genug geht.

Louise L. Hay

AFFIRMATION

*Ich bin bereit,
mich von der Gewohnheit,
ständig alles und jeden
kritisieren zu müssen,
zu befreien.*

Paradoxe Erfahrungen

Es gibt Erfolge für den Menschen, die zum Mißerfolge werden, es gibt wohl auch Gewinne, die Verluste bringen.
Es gibt Geschenke, die dir keinen Nutzen bringen, es gibt sogar Geschenke, die man doppelt zahlen muß.
Es gibt Beschämung, um des Ruhmes willen, und manchen, der aus Niedrigkeit sein Haupt erhob. Gar mancher kauft sich viele Dinge billig ein und muß sie dennoch siebenfach bezahlen.

Jesus Sirach. 20,9–12
Das Alte Testament

Heute ...

reagiert jede Zelle in meinem Körper auf jeden Gedanken, den ich denke. Daher wähle ich positive, klare und liebevolle Gedanken.

Louise L. Hay

Heute ist ein neuer, kostbarer Erdentag. Wir werden ihn in Freude leben. Heute bin ich ein neuer Mensch. Ich entspanne und befreie meine Gedanken von jedem Druck. Kein Mensch, Ort oder Gegenstand kann mich reizen oder stören. Ich bin im Frieden. Ich bin ein freier Mensch und lebe in einer Welt, die eine Widerspiegelung meiner Liebe und meines Verstehens ist.

Ich bin gegen nichts eingestellt. Ich bin vielmehr für alles, das die Qualität meines Lebens steigern wird. Ich gebrauche meine Worte und meine Gedanken als Werkzeuge zur Gestaltung meiner Zukunft. Ich gebe meiner Dankbarkeit häufig Ausdruck und blicke nach Dingen, für die ich dankbar sein kann. Ich lebe ein dankbares Leben. Wir sind eins mit der Macht, die uns erschaffen hat. Wir sind in Sicherheit, und alles ist gut in unserer Welt.

Louise L. Hay

Reinheit

O Bruder!
Dein wahres Wesen
besteht nur aus deinem
Denken.
Das übrige in dir
ist nur Knochen und Fasern.
Wenn du blumenhaft denkst,
wirst du zu einem Blumen-
garten,
und wenn du dornenhaft
denkst,
wirst du zu einem Brennholz.

Mewlana Dschelaleddin Rumi

Heute …

werden alle meine Bedürfnisse und Wünsche erfüllt, noch ehe ich darum bitte.

Louise L. Hay

Gedanken des Wandels

Das Leben hat seine eigenen Gesetze. Wenn wir dankbar sind für das Gute in unserem Leben, wie wenig es auch immer sein mag, schenkt das Leben uns *mehr* Gutes. Dankbaren Beschenkten wird gern noch mehr geschenkt.

Louise L. Hay

AFFIRMATION

Ich bin immer dankbar
für die ganze Fülle
des Lebens.

Alles ist so, wie es im Augenblick ist, in Ordnung! Ich gebe dem Geschehen dieses Augenblicks einfach meine Zustimmung und gewinne dadurch schlagartig, wie durch Zauberei, eine grandiose Freiheit, eine nie gekannte Zufriedenheit.

Gerhard Ritter

Heute …

reagiert jede Zelle meines Körpers positiv auf meine positiven Bilder.

Louise L. Hay

Um unsere Kräfte konzentrieren und uns innerlich organisieren zu können, ist eine zielgerichtete Motivation unerläßlich: Wir müssen wissen, was wir wollen! Wie wir bei jeder Reise zunächst entscheiden müssen, wohin wir wollen, und uns dann überlegen, wie wir am besten dorthin gelangen, so verhält es sich auch mit unserer erfolgreichen Lebensreise: Wir müssen uns darüber klarwerden, was wir unternehmen wollen und wozu wir uns am ehesten eignen. Natürlich darf die Bereitschaft zu unermüdlichem Handeln, darf auch die Beharrlichkeit nicht fehlen. Wer sein Ziel wirklich erreichen will, der gibt nie auf. Die Essenz dieses Gedankens findet sich in der folgenden prägnanten kleinen Weisheit: »Wer aufgibt, siegt nicht, und wer siegt, gibt nicht auf.«

Norman Vincent Peale

Chinesische Heiterkeit

Die fröhliche Stimmung wirkt ansteckend, darum hat sie Erfolg. Aber die Freude bedarf als Grundlage der Beständigkeit, damit sie nicht zu unbeherrschter Lustigkeit ausartet. Wahrheit und Stärke müssen im Herzen wohnen, während die Milde nach außen im Verkehr zutage tritt. Auf diese Weise nimmt man Gott und den Menschen gegenüber die rechte Stellung ein und erreicht etwas. Durch bloßes Einschüchtern ohne Milde läßt sich unter Umständen für den

Augenblick etwas erreichen, aber nicht für die Dauer. Wenn man dagegen durch Freundlichkeit die Herzen der Menschen gewinnt, so bewirkt man, daß sie alle Beschwerden gern auf sich nehmen, ja wenn es sein muß, selbst den Tod nicht scheuen. So groß ist die Macht der Freude über die Menschen.

Orakelbild 58
Aus dem I Ging

Gedanken des Wandels

Wo auch immer Sie gegenwärtig im Leben stehen mögen – Sie geben stets Ihr Bestes, entsprechend dem Wissen und den Einsichten, über die Sie zum jetzigen Zeitpunkt verfügen.

Louise L. Hay

AFFIRMATION

*Ständig vertiefe ich
mein Verständnis
und erweitere
mein Bewußtsein.*

Reinen Herzens sind jene, welche die irdischen Dinge verachten und die himmlischen suchen, die da beständig anbeten und schauen den Herrn, den lebendigen und wahren Gott, mit reinem Herzen und reiner Seele.

Franz von Assisi

Heute …

kehren Kraft und Wohlbefinden in meinen Körper zurück.

Louise L. Hay

Ändern Sie Ihre Gedanken, und Sie können alles verändern. Nichts beeinflußt die Welt, in der wir leben, so sehr wie unser Denken. So wie Klimaanlagen in geschlossenen Räumen für frische und gesunde Luft sorgen, führt ein Gedankenaustausch zu neuer Klarheit und Kraft und sorgt für Seelenfrieden, körperliche Gesundheit und Vitalität. Glück und Erfolg sind nur von der Qualität unserer Gedanken abhängig, daher ist es vollkommen unmöglich, glücklich zu werden, solange man sich über Dinge den Kopf zerbricht, die unglücklich machen. Marcus Aurelius, einer der weisesten Männer auf dieser Erde, hat gesagt: »Das Leben eines Menschen ist das, was seine Gedanken aus ihm machen.«

Norman Vincent Peale

Bei mir ist Rat

Ich, die Weisheit, weile bei
der Klugheit,
und Erkenntnis kluger Pläne
finde ich.

Ich liebe alle,
die mich lieben,
und die mich suchen,
finden mich.

Mein Nutzen übertrifft
das feinste Gold
und mein Ertrag
das auserlesne Silber.

Sprüche, 8, 12
Das Alte Testament

Heute …

bin ich dankbar
für meine vollkommene,
blühende Gesundheit.

Louise L. Hay

Eine Tragödie kann sich als wahrer Segen für uns erweisen, wenn wir sie als Lernerfahrung begreifen, an der wir wachsen können.

Louise L. Hay

AFFIRMATION

Ich atme tief und frei.
Ich vertraue dem Leben.

Wer Zeit haben will, darf sich nicht willenlos vom Strome der hastenden Umwelt mittreiben lassen. Wer seinem eigenen Rhythmus folgt, wer auf den eigenen inneren Pulsschlag horcht, hat mehr vom Leben.

Emil Oesch

Heute ...

nehme ich den kost-
baren Atem des Lebens
in mich auf und lasse zu,
daß mein Körper, mein
Geist und meine
Gefühle sich beruhigen
und entspannen.

Louise L. Hay

Wer weiß, daß genug genug ist…

Es gibt keinen größeren
Köder als Verlangen,
Keinen größeren Fluch als
Unzufriedenheit,
Kein größeres Mißgeschick
als Habgier.
Wer weiß, daß genug genug
ist, wird immer genug haben.

Der Weise sammelt keine
kostbaren Dinge an.
Er lernt, an Ideen nicht fest-
zuhalten.

Er bringt den Menschen
zurück, was sie verloren.
Hilft den zehntausend Dingen
ihre eigene Natur zu finden.
Und läßt die Finger davon.

Lao-Tse

Das Schicksal ist keine Sache des Zufalls; es ist eine Sache der persönlichen Entscheidung. Es ist nicht etwas, das einen erwartet, sondern etwas, das man selbst erschafft.

William Jennings Bryan

Weil in der Schöpfung alles eine Einheit ist, ist jeder von uns auch mit allem verbunden, und zwar durch eine gemeinsame, übergeordnete, mächtige Energieschwingung, die mit vielerlei Namen, so z. B. »Schöpfungskraft«, »universelles Lebensprinzip«, »kosmisches Prinzip«, »Liebe im Sinne höherer Vernunft«, oder ganz einfach »Gott«, genannt wird.

Mechthild Scheffer

Der physische Körper allein ohne Verbindung zu der spirituellen Dimension ist eine leere Hülle, ein Korken auf dem Wasser; aber wenn er mit dem Spirituellen vereint ist, ist das Leben eine Freude, ein Abenteuer, das unser Interesse vollkommen in Anspruch nimmt, eine Reise, die uns Glück, Gesundheit und Wissen bringt.

Edward Bach

Noch etwas will ich sagen

Betrachte ich die Lilien auf
dem Felde,
dann sehe ich wohl ihren
Schein
und ihre Farbe und ihre
Blätter;
aber ihren Duft sehe ich nicht.
Warum?
Weil der Duft in mir ist.
Was mich ansprechend
dünkt, das ist in mir,
und ich spreche es aus mir
heraus.

Kannst du das Alleinsein schwer ertragen? Dann übe es! Stürze dich in dieses interessante Abenteuer, und ziehe dich ab und zu einmal von deiner gewohnten Umgebung zurück. Gönne dir von Zeit zu Zeit einen »Abschalttag«. Besser noch: ein Wochenende für dich ganz alleine. Wenn du erst einmal erfahren hast, wieviel innere Kraft dir die Stunden des Alleinseins bescheren, wirst du auf deine freiwillig gewählte Einsamkeit nicht mehr verzichten wollen. *Gerhard Ritter*

Wer da ein Herz hat …

Wer da ein Herz hat,
Der werfe das Auge weg,
Dann wird er schauen.

Arabische Spruchweisheit

Staune und du
wirst verstehen.

Talmudische Spruchweisheit

Gott ist immer in uns,
nur wir sind selten zu Hause.

Meister Eckehart

Heute …

herrscht völlige Harmonie
zwischen meinem Körper
und meinem Geist.
Ich bin gesund und im
Gleichgewicht.

Louise L. Hay

Gedanken der Einkehr

Ich kooperiere mit dem Leben. Jetzt ist die Zeit der winterlichen Ruhe. Das Land liegt still unter dem Schnee. Die Seen und Teiche sind zugefroren. Und doch ist das Leben unter der Oberfläche weiterhin aktiv. Ich nutze diese Zeit weise, indem ich nach innen blicke und mich meiner geistigen Entwicklung widme.

Louise L. Hay

AFFIRMATION

*Meine eigene
Friedfertigkeit
sorgt für Frieden
in meiner Welt.*

Jeder Tag beginnt mit dem ersten Schritt, und die, die die Freude des Entdeckens erfahren haben, das neue Bewußtsein ihres Körpers, haben diesen ersten Schritt gemacht.
Sie haben den Enthusiasmus erfahren, die Berührung mit der inneren Welt, die Erkenntnis, daß sie tatsächlich eine echte Wahl haben, wie sie ihr Leben leben möchten. Sie haben gelernt, daß sie selbst ihren Körper pflegen *können*, Sorge zu ihm tragen *können*, und daß ihr Geist offen sein

kann für die Wunder dieser Welt auf eine vorteilhafte Weise und voller Freude. Sie können das Gefühl haben, daß sie – in bescheidener Weise – die Welt gemeistert haben.

Edgar Cayce

Ein Sieg wird nicht in Siebenmeilenstiefeln, sondern Zentimeter für Zentimeter errungen. Gewinne jetzt etwas Boden, halte die Stellung, und gewinne dann noch etwas mehr hinzu.

Louis L'Amour

Den Sinnen ist von vielen Lernenden auf ihrem Pfad mißtraut worden; es ist die Welt der Sinne, die transzendiert werden muß. Und in unseren modernen Städten werden diese kostbaren Fähigkeiten täglich mit grellen Eindrücken, schlechter Luft und mißtönenden Geräuschen bestürmt.

Doch wenn wir die Sinne vorsichtig einsetzen, können wir Freude und Schönheit auf dieser Erde erfahren, Feingefühl und Unterscheidungsfähigkeit entwickeln.

Durch den richtigen Gebrauch der Sinne wissen wir um die Immanenz des Geistes in der Materie.

Heinrich S. Ripszam

Jeder Mensch ist von Zeit zu Zeit begeistert. Bei dem einen dauert die Begeisterung dreißig Minuten, bei einem anderen dreißig Tage – doch im Leben bringt es derjenige zu etwas, bei dem sie dreißig Jahre lang anhält.

Katholischer Sinnspruch

Wir sind sowohl göttlich als auch menschlich, und wir sollten nicht den Fehler machen, zu denken, daß wir nur an die materielle Welt, nach unten gefesselt seien. Der Heilige Gral liegt in unserem eigenen Herzen. Meister aller Zeiten haben ihre Schüler gelehrt, die Kommunion zu suchen, und es ist diese Kommunion, dieses Einssein, das wir uns mit unserem Geliebten teilen, mit Gott und mit allem Leben.

Ingrid Lind

Heute ...

bin ich offen für alle
meine Möglichkeiten.
Ich verdiene das Beste
im Leben.

Louise L. Hay

Fehler sind wie die Sprossen einer Leiter. Sie sind wertvoll, weil sie Ihnen dabei helfen, zu lernen und Fortschritte zu machen. Sie sollten sich nicht selbst bestrafen, wenn Sie einen Fehler machen. Wenn Sie bereit sind, aus dem Fehler zu lernen und sich weiterzuentwickeln, dann bringt er Sie auf dem Weg der Selbsterfüllung einen Schritt voran.

Louise L. Hay

AFFIRMATION

Ich vertraue darauf,
daß mich meine
innere Weisheit sicher
durchs Leben führt.

Wenn du das Lachen nicht lernst

Fürchte dich nicht zu lachen.
Schiele nicht: wird man's
verstehn?
Menschlicher macht es
dich bloß;
und wer dich kleiner gesehn,
sieht dich dadurch wieder
groß.

Lache mit über dich selbst.
So nimmst du dem Stachel
das Gift,
das dir dein Gegner beschert;
denn jeder Stich, der nicht
trifft,
gegen ihn selber sich kehrt.

Schäme dich nicht, zu lachen.
Glaub nicht, daß tierischer
Ernst
würdig dich macht,
dich erhebt.
Wenn du das Lachen nicht
lernst,
hast du nur kläglich gelebt.

Hedda Zinner

Wer den wahren Weg zur Lebenskunst beschreiten will, muß täglich die Stille des Geistes in sich herstellen, mit sich *All-eins* sein, zu sich finden. Denn nur in der Stille des Geistes werden wir wach. Gelangen wir zum Bewußtsein unserer Existenz, unseres *Seins*.

Gerhard Ritter

Ich bin eins mit derjenigen Macht, die mich geschaffen hat, und diese Macht hat mir die Kraft gegeben, meine Lebensumstände selbst zu gestalten. Ich erfreue mich an der Erkenntnis, die Macht über meinen Geist zu haben, ihn auf jede Art, die ich wähle, zu benutzen.

Louise L. Hay

Der Herr sagt im Evangelium: »Liebet eure Feinde; tuet Gutes denen, die euch hassen, und betet für die, welche euch verfolgen und verleumden« (Matth. 5, 44). Jener liebt wahrhaftig seinen Feind, der nicht trauert über das von ihm erlittene Unrecht, sondern der aus Liebe zu Gott sich betrübt über die von seinem Bruder begangene Sünde, und der so durch Werke ihm seine Liebe offenbart.

Franz von Assisi

Heute ...

nehme ich mit Freude
und Dankbarkeit
alles Gute an, das mir
das Leben bietet.

Louise L. Hay

Gedanken der Einkehr

Ich entspanne mich in der Wärme des Sommers. Ich betrachte mein Leben und sehe überall nur Schönheit. Alles in voller Blüte zu sehen erfüllt mich mit Freude. Die ganze Natur ist friedlich und ruhig. Es ist eine gute Zeit, innere Einkehr zu halten.

Louise L. Hay

AFFIRMATION

Ich bin vom Leben begeistert! Energie und Optimismus erfüllen mich.

Glück für sich selbst und andere erlangt man dadurch, daß man sich zuerst auf die anderen konzentriert. Was die Welt heute braucht, sind Liebe und heilende Hinwendung zu allen Wesen. Deshalb ist es am allerwichtigsten, unser Bewußtsein so zu lenken, daß es gütige Gedanken für andere hervorbringt, damit der Gedanke an das Wohl der anderen zu einer dem Bewußtsein eingravierten Gewohnheit wird.

Dalai Lama

Heute ...

befreie ich mich vom Glauben an Mangel und zweifle nicht länger an meinen Fähigkeiten.

Louise L. Hay

Die Stimme

Für mich ist die Stimme Gottes die Stimme des Gewissens, die Stimme der Wahrheit, die innere Stimme, die immer noch kleine, große Stimme.
Einige denken, daß Gott selbst eine Schöpfung unserer Einbildung ist. Wenn diese Anschauung richtig ist, dann ist nichts wirklich, dann ist alles unsere Einbildung. Und selbst wenn es so ist, daß ich unter der Herrschaft meiner Einbildung stehe, so bin ich doch nur in diesem jetzigen Bewußtsein in der Lage zu han-

deln. So wirklich auch Dinge sind, sie sind es nur relativ. Für mich war die innere Stimme mehr wirklich als meine eigene Existenz. Sie hat mich nie im Stich gelassen.

Mahatma Gandhi

Jeder neue Tag hat zwei Griffe. Man kann ihn am Griff der Ängstlichkeit anpacken oder am Griff der Begeisterung. Von dieser Wahl hängt ab, wie der Tag verläuft.

Anonym

Üben Sie sich darin, leichtfüßig durchs Leben zu gehen. Werden Sie nicht wütend oder aufgeregt. Geben Sie Ihr Bestes. Nehmen Sie die Dinge, wie sie kommen. Sie können alles bewältigen, wenn Sie glauben, daß Sie es können. Bewahren Sie sich einfach einen kühlen Kopf und Sinn für Humor.

Smiley Blanton

Heute …

meint es das Leben gut mit mir und bringt mir nur positive Erlebnisse.

Louise L. Hay

Gedanken des Wandels

So wie aus der Erde immer wieder neue Pflanzen hervorsprießen, bringt auch mein Geist ständig neue Gedanken und Ideen hervor. Ich weiß, daß Liebe, Mitgefühl und Verständnis in mir auf fruchtbaren Boden fallen und gedeihen. Und mit mir gedeiht auch meine Welt. Liebe, Mitgefühl und Verständnis werden in mir stärker und stärker und strahlen auf meine Umgebung aus. Alle Menschen in meiner Nähe werden liebevoller, weil ich selbst Liebe in mir habe.

Louise L. Hay

AFFIRMATION

*Mein Leben
wandelt sich stetig
zum Besseren.*

Ein wichtiger Schritt im Heilungsprozeß ist das Zurücklassen, das Ablegen von Werturteilen. Krankheit ist nicht »schlecht« und Gesundsein nicht »gut«. Das soll nicht bedeuten, daß das eine nicht vorzuziehen wäre, doch der Druck, den jede Beurteilung von gut und schlecht ausübt, wird seinerseits zur Krankheit beitragen. Krankheit bedeutet oft eine Chance für Veränderungen und Transformation im Leben; und von dieser Einstellung aus betrachtet, könnte sie mit viel weniger Widerstand und Mißbilligung angegangen werden. Es gibt Zeiten, in denen ein Problem die Gelegenheit bietet, starken Willen aufzubringen und die Krankheit zu besiegen, und es gibt Zeiten, in denen man ruhig und gelassen abwarten sollte.

David Hoffmann

Die Universale Kraft verurteilt oder kritisiert uns niemals. Sie akzeptiert uns so, wir wir sind. Wenn Sie einen einengenden Glaubenssatz akzeptieren, wird er für Sie zur Wahrheit. Wenn Sie glauben, daß Sie zu klein, zu dick, zu dünn, zu groß, zu klug, nicht klug genug, zu reich, zu arm sind, oder sich für unfähig halten, menschliche Bindungen einzugehen, dann wird sich dies für Sie bewahrheiten.

Denken Sie daran, daß wir es hier mit Gedanken zu tun ha-

ben, und Gedanken lassen sich verändern. Wir können unser Denken völlig frei wählen, und der Kraftpunkt liegt immer im gegenwärtigen Augenblick.
Was denken Sie jetzt gerade? Ist es etwas Positives oder etwas Negatives? Wollen Sie, daß *dieser* Gedanke fortan Ihre Zukunft bestimmt?

Louise L. Hay

Psychische Energie ist die Energie des Lebens. Wenn Sie einen anderen Menschen heilen, versorgen Sie ihn einfach mit zusätzlicher Energie, um so seinem Körper bei der Selbstheilung zu helfen. Es ist alles dieselbe Energie. Viele kleine Probleme lassen sich durch diese Methode der zusätzlichen Energiezufuhr lösen.

Sheila Peterson-Lowary

Heute ...

öffne ich mein Herz und lasse meine Heilenergie frei fließen.

Louise L. Hay

Gedanken der Einkehr

Wenn Ihnen etwas Unerfreuliches passiert, ist *Verstehen* oft wichtiger als *Handeln*. Wenn Ihr Denken sich in eine andere Richtung bewegt und Sie die Dinge in einem neuen Licht sehen, werden sich auch die äußeren Umstände ändern.

Louise L. Hay

AFFIRMATION

Jeder neue Augenblick
bietet mir die
wunderbare Möglichkeit,
noch mehr zu dem
zu werden, was ich bin.

Die Verwirklichung von Gerechtigkeit, Harmonie und Frieden hängt von vielen Faktoren ab. Sie müssen unter dem Gesichtspunkt des langfristigen Nutzens für die Menschheit betrachtet werden. Ich bin mir der Schwierigkeit der Aufgabe, die vor uns liegt, bewußt. Aber wir haben keine Alternative. Die Welt ist zusammengeschrumpft und mehr denn je zuvor von gegenseitiger Abhängigkeit geprägt. Die Völker haben gar keine andere Wahl, als sich um das Wohlergehen der anderen

Völker zu kümmern, nicht nur aus humanitären Gründen, sondern weil es in ihrem Eigeninteresse liegt. Unter diesen Umständen ist es nötig, daß das Verständnis zwischen den Menschen wächst und sich alle ihrer universalen Verantwortung bewußt werden. Der Schlüssel für die Verwirklichung dieser hohen Ideen ist die Entwicklung eines Gefühls von Mitmenschlichkeit und eines guten Herzens, ohne die wir nicht hoffen können, universales Glück und dauerhaften Frieden zu schaffen.

Dalai Lama

Wünsche

Es gibt im Leben zwei
Tragödien:
Die eine liegt darin,
daß einem der tiefste Wunsch
versagt bleibt.
Die andere liegt gerade in
seiner Erfüllung.

George Bernard Shaw

Die meisten Menschen
stellen Bedingungen ans
Glück.
Doch Glück
kann nur empfinden,
wer keine Bedingungen stellt.

Arthur Rubinstein

Erscheint de Vollkommene sich als unvollkommen / so wird er weit kommen / wer überfließt und dennoch leer scheint / ist unerschöpflich / so auch wenn der Geradeste sich krumm / der Meister sich stümperhaft / der Beredteste sich stotternd erscheint / Bewegung überwindet das Gefühl der Kälte / Sanftheit überwindet die Hitze / Keuschheit und Sanftheit ist der Welt Richtmaß.

Lao-Tse

Wir sind auf der Suche, jeder für sich und alle gemeinsam, um Ganzheit in uns und in unserem Leben zu schaffen, sie in uns zu entdecken und freizusetzen – ein Prozeß der Gemeinschaft und Erziehung. Was geschaffen wird, wird nicht Trennung, Streit und Ungleichheit zwischen den Völkern sein, sondern Ganzheit, Einheit, Friede; eine neue Erde für die Menschheit, welche die Einheit und Ganzheit der Erde widerspiegelt, wie sie seit Anbeginn besteht.

David Spangler

Heute ...

*arbeiten mein Körper,
mein Geist und meine
Seele auf gesunde
Weise zusammen.*

Louise L. Hay

Gedanken des Wandels

Nehmen Sie sich jetzt einen Moment Zeit, stellen Sie sich vor einen Spiegel und sagen Sie Ihrem inneren Kind, daß Sie für es da sind: »Ich bin für dich da. Ich liebe dich. Ich liebe dich wirklich.« Vielleicht haben Sie das schon einmal zu dem Erwachsenen in Ihnen gesagt. Sagen Sie es jetzt auch zu dem kleinen Kind in Ihnen. Stellen Sie sich vor, daß Sie es an der Hand nehmen und ein paar wunderschöne, verspielte und vergnügte Tage mit ihm verbringen.

Louise L. Hay

AFFIRMATION

Liebevoll umarme ich mein inneres Kind.

Heute ist ein neuer, kostbarer Erdentag. Wir werden ihn mit Freude leben. Für jedes Problem, das wir erschaffen, gibt es eine Lösung. Wir sind nicht durch unser menschliches Denken begrenzt, denn wir sind alle verbunden mit der umfassenden, universellen Weisheit und ihrem Wissen. Wir kommen aus dem Zentrum der Liebe im Herzen und wissen, daß Liebe alle Türen öffnet. Es gibt eine Kraft, die allzeit bereit ist und hilft, uns jeder Herausforderung und Krise im Leben zu

stellen und sie zu überwinde
Ich weiß, daß jede Krankheit i
gendwo auf der Welt schon geheilt wurde. Deshalb besteht die Möglichkeit, daß dies auch für mich geschehen kann. Ich hülle mich in einen Kokon aus Liebe, und darin bin ich in Sicherheit. Wir sind eins mit der Nacht, die uns erschaffen hat.
Wir sind in Sicherheit, und alles ist gut in unserer Welt.

Louise L. Hay

Jeder Mensch hat die Möglichkeit, seinen Geist auf Erfolg einzustellen. Das ist einer der wichtigsten Grundsätze positiven Denkens. Es liegt weitgehend in unserer Hand, ob unsere Zukunft erfolgreich sein wird oder nicht. Unsere Gedanken bestimmen unser Schicksal.

Hier müssen wir uns darüber klar werden, was wir unter Erfolg verstehen wollen. Selbstverständlich meinen wir damit nicht das Zusammenraffen von Geld und Gut, sondern vielmehr die Fähigkeit, unser

Leben richtig zu erfüllen. Wir sollen dadurch beherrschte, überlegene Persönlichkeiten werden, die zu jenen gehören, die der Welt nicht Schwierigkeiten aufbürden, sondern mithelfen, sie zu überwinden. Das ist das Ziel, welches wir uns setzen sollten: ein erfolgreiches Leben als schöpferisches Individuum.

Norman Vincent Peale

Viele Dinge sind's
Die wir mit Heftigkeit ergreifen sollen:
Doch andere können nur durch Mäßigung
Und durch Entbehren unser Eigen werden.

Johann Wolfgang von Goethe

Heute ...

lasse ich meine
Mitmenschen teilhaben
am Überfluß des Brunnens
der Liebe in mir,
der nie versiegt.

Louise L. Hay

Kleine Kinder sagen nie: »Oh, meine Hüften sind zu breit!« Oder: »Meine Nase ist zu lang.« Sie wissen, wie vollkommen sie sind, und sie akzeptieren sich selbst bedingungslos. Wir alle empfanden einmal wie sie.

Louise L. Hay

AFFIRMATION

*Ich liebe mich
genau so,
wie ich bin.*

Stellen Sie sich vor, daß Ihr Bewußtsein sehr friedlich und ruhig wird, wie ein stiller See oder Teich, so friedlich, daß auf der Oberfläche noch nicht einmal ein Kräuseln zu sehen ist …

Shakti Gawain

Heute …

habe ich ein
harmonisches,
liebevolles Verhältnis
zu meiner
ganzen Familie.

Louise L. Hay

Sie können alles haben, sobald Sie sich Ihrer inneren Kraft bewußt werden und den Mut aufbringen, sie zu gebrauchen! In einem gewissen Grad haben Sie diese Kraft immer gebraucht – oft ungewollt zu Ihrem Nachteil. Jetzt können Sie beginnen, sie ganz bewußt positiv einzusetzen, nämlich zur Verbesserung Ihres persönlichen Lebens, zur Erlangung und Bewahrung von Gesundheit, Glück und Wohlstand.

Ihre Erfolgskraft wird ausgelöst durch Ihre geistigen und

seelischen Einstellungen und Ihre gefühlsmäßigen Reaktionen auf das Leben. Sie werden und bekommen das, was Sie denken. Denken Sie richtig, und Ihr Leben wird richtig. Es ist tatsächlich so einfach.

Catherine Ponder

Man kann nicht ohne Schmerzen durchs Leben gehen. ... Aber wir können uns entscheiden, wie wir von den Schmerzen Gebrauch machen, mit denen uns das Leben konfrontiert.

Bernie S. Siegel, Arzt

Heute …

*bin ich bereit, mich von
allen negativen Glaubens-
sätzen zu befreien,
und lasse zu, daß meine
tiefere Weisheit
sich mir offenbart.*

Louise L. Hay

Denken Sie immer daran: Wir können uns *weigern*, bestimmte Gedanken zu denken. Überlegen Sie einmal, wie oft Sie sich schon geweigert haben, positiv von sich zu denken. Nun, ebensogut können Sie sich auch weigern, negativ von sich zu denken.

Louise L. Hay

AFFIRMATION

Ab jetzt entscheide
ich mich bewußt dafür,
nur noch gut von mir
zu denken.

Mystische Erfahrung

Das tiefste und erhabenste Gefühl, dessen wir fähig sind, ist das Erlebnis des Mystischen. Aus ihm keimt alle Wissenschaft. Wem dieses Gefühl fremd ist, wer sich nicht mehr wundern und in Ehrfurcht verlieren kann, der ist bereits tot. Das Wissen darum, daß das Unerforschliche wirklich existiert und daß es sich als höchste Wahrheit und strahlendste Schönheit offenbart, wovon wir nur eine dumpfe Ahnung haben können – dieses Wissen und diese Ahnung sind der Kern aller Religiosität. In diesem Sinne, und in diesem allein, zähle ich mich zu den religiösen Menschen.

Albert Einstein

Die Unruhe kommt von dir

Nichts ist, das dich bewegt,
du selber bist das Rad,
Das aus sich selbsten läuft
und keine Ruhe hat.

Angelus Silesius

Liebe ist Leben

Es ist mein fester Glaube, daß es die Liebe ist, die die Erde erhält, denn Leben ist nur dort, wo Liebe ist. Leben ohne Liebe ist der Tod. Liebe ist die Kehrseite jener Münze, deren Vorderseite die Wahrheit ist.

Der Haß sucht immerfort zu töten, aber die Liebe stirbt nie. Das ist der große Widerspruch zwischen den beiden. Was man durch Liebe erlangt, das behält man für alle Zeit. Was man aber durch Haß erlangt, das wird schnell eine Belastung, denn es macht den Haß größer. Es ist die Pflicht der Menschen, den Haß abzubauen und die Liebe wachsen zu lassen.

Mahatma Gandhi

Vom Wissen

Wer nichts weiß, liebt nichts.
Wer nichts tun kann,
versteht nichts.
Wer nichts versteht,
ist nichts wert.
Aber wer versteht,
der liebt, bemerkt und
sieht auch ...
Je mehr Erkenntnis einem
Ding innewohnt,
desto größer ist die Liebe ...
Wer meint, alle Früchte
würden gleichzeitig mit den
Erdbeeren reif,
versteht nichts von den
Trauben.

Paracelsus

Heute …

löse ich mich von dem Bedürfnis, mir selbst oder anderen Menschen Vorwürfe zu machen.

Louise L. Hay

Wenn Sie schon auf andere Leute hören, dann hören Sie wenigstens auf die Gewinner. Hören Sie auf diejenigen, die wissen, was sie tun, und die Richtigkeit ihrer Ansichten durch erfolgreiches Handeln unter Beweis stellen.

Louise L. Hay

AFFIRMATION

Das Universum
unterstützt unterschiedslos
alle Gedanken, für die ich
mich entscheide.
Daher wähle ich
positive Gedanken.

Terzinen

Wir sind aus solchem Zeug
wie das zu Träumen,
Und Träume schlagen so die
Augen auf
Wie kleine Kinder unter
Kirschenbäumen,
Aus deren Kronen den blaß-
goldnen Lauf
Der Vollmond anhebt durch
die große Nacht.
Nicht anders tauchen unsre
Träume auf,

da und leben wie ein
d, das lacht,
Nicht minder groß im Auf-
und Niederschweben
Als Vollmond, aus Baum-
kronen aufgewacht.

Das Innerste ist offen ihrem
Weben;
wie Geisterhände in versperr-
tem Raum
Sind sie in uns und haben
immer Leben.

Und drei sind Eins: ein
Mensch, ein Ding, ein Traum.

Hugo von Hofmannsthal

Mach mich frei

Vater,
mach mich frei
von meinen Errungenschaften,
denen ich verfallen bin
und die mich so krank
machen.

Mach mich frei
von meinen Einbildungen,
durch die ich entstellt werde
und die mich so klein machen.

Mach mich frei
von meiner Besitzgier,
durch die ich betrogen werde
und die mich so gemein
macht.

mach mich frei
on der Sucht nach Sachen,
die mich doch nicht
befriedigen
und die meinen verrückten
Heißhunger nur noch gieriger
machen.

Phil Bosmans

Nehmen Sie sich jeden Tag nach dem Aufstehen etwas Zeit, um aus dem Fenster zu schauen oder auf Ihren Hof hinauszugehen und die Schönheit der Natur an diesem Tag zu bemerken. Sollten Sie in einer Stadtwohnung ohne Hof oder Bäume leben, können Sie das gleiche mit Ihren Zimmerpflanzen tun oder sich aus einem Fenster hinauslehnen und an den Himmel blicken.
Danken Sie der Erdmutter und allen Elementen. Danken Sie ihnen für einen neuen Tag im Leben. Ein kostbares Geschenk. *Shakti Gawain*

Heute …

werden
meine Beziehungen
zu anderen Menschen
schöner und liebevoller,
wenn ich mich entspanne
und mich so akzeptiere,
wie ich bin.

Louise L. Hay

Prüfungen

Gott ist es, der uns auf der Erde die schwersten Aufgaben stellt. Er prüft uns durch und durch, und wenn dein Glaube nicht ausreicht, wenn deine Körperkraft nicht groß genug ist und wenn du unterzugehen drohst, dann kommt Er dir zu Hilfe und zeigt dir, daß du den Glauben nicht verlieren darfst und daß Er dir immer zu Diensten ist, aber nach Seinen eigenen Bedingungen. Das habe ich herausgefunden. Ich kann mich an keine Gelegenheit erinnern, wo Er mich je verlassen hätte, wenn ich in Schwierigkeiten war.

Mahatma Gandhi

Siehst du einen Weisen, so strebe danach, ihm gleichzukommen; begegnest du einem Toren, so gehe in dich und prüfe dich selbst.

Konfuzius

Spiegel der Seele

Ich nehme ein Becken mit Wasser und lege einen Spiegel hinein und setze es unter das Rad der Sonne. Dann wirft die Sonne ihren lichten Schein aus dem Spiegel am Boden des Beckens und vergeht doch nicht. Das Widerspiegeln des Spiegels in der Sonne kommt aus der Sonne, und der Spiegel ist doch, was er ist. So auch ist es mit Gott. Gott ist mit seiner Natur, seinem Wesen und seiner Gottheit in meiner Seele, und doch ist nicht er die Seele. Das

…erspiegeln meiner Seele …ber ist Gott und bleibt doch, was sie ist. Gott »wird«, da alle Kreaturen »Gott« aussprechen. Da wird Gott.

Meister Eckehart

Ich unter allen Geschöpfen, und nur ich, habe Zugang zu meinem eigenen unveränderlichen Ur-Formbild. Ich bin fähig, mich selbst zu erkennen. Und das ist die Grenze des Wißbaren.

Ábd al-Qadir as-Sufi